互联网招聘培训讲师手册

（直播带岗）

互联网招聘（直播带岗）系列课程研发小组　组织编写

中国劳动社会保障出版社

图书在版编目（CIP）数据

互联网招聘培训讲师手册：直播带岗 / 互联网招聘（直播带岗）系列课程研发小组组织编写 . -- 北京：中国劳动社会保障出版社，2025. -- ISBN 978-7-5167-6961-4

Ⅰ. F713.365.2-62

中国国家版本馆 CIP 数据核字第 2025GJ0096 号

中国劳动社会保障出版社出版发行

（北京市惠新东街 1 号　邮政编码：100029）

*

北京市白帆印务有限公司印刷装订　　新华书店经销

880 毫米 ×1230 毫米　16 开本　3.75 印张　68 千字
2025 年 4 月第 1 版　2025 年 4 月第 1 次印刷
定价：15.00 元

营销中心电话：400-606-6496
出版社网址：https://www.class.com.cn

版权专有　　侵权必究

如有印装差错，请与本社联系调换：（010）81211666
我社将与版权执法机关配合，大力打击盗印、销售和使用盗版图书活动，敬请广大读者协助举报，经查实将给予举报者奖励。
举报电话：（010）64954652

编审委员会

主　任：吴南天
委　员：何　卯　熊慧勇　穆奇玲　王永娟　吴　昊
　　　　周正林　杨　慧　杨存库　马斌张智

本书编写人员

主　编：吴　昊　周正林
副主编：王永娟　杨　慧　王　昕
编　者：何　卯　熊慧勇　穆奇玲　罗　丹　王丽霞
　　　　杨存库　马斌张智　王荣飞　钟红莉　张德举
　　　　张　慧　郭　蓉　杨　润

前言
PREFACE

随着数字经济的快速发展，互联网招聘（直播带岗）作为一种新型招聘模式，正在深刻改变传统的人力资源服务方式。通过互联网平台，直播带岗以直观、互动的方式传递招聘信息，不仅提升了招聘效率，还为求职者提供了更加便捷的就业渠道。这一模式的兴起，不仅提高了人力资源的利用效率，还激发了市场活力，成为人力资源服务领域的新增长点。

为帮助求职者、人力资源服务机构和用人单位更好地理解直播带岗的运作模式，提升从业人员的职业技能，我们编写了《互联网招聘培训教程（直播带岗）》和《互联网招聘实训手册（直播带岗）》，并配套开发了《互联网招聘培训讲师手册（直播带岗）》（以下简称手册）。

本手册旨在为广大直播带岗培训讲师提供全面的教学指导，帮助其掌握直播带岗的核心内容，能够在教学中灵活运用各种方法，确保学员高效掌握相关知识和技能。

直播带岗培训讲师承担着传授知识、指导实践的重要职责，不仅需要具备扎实的专业知识，还需要具备良好的沟通能力、教学技巧和丰富的实操经验。本手册详细介绍了直播带岗培训讲师的职责、学员培训周期和学员班培训计划等内容，提供了从培训推介、学员选择、需求分析、培训实施到陪跑孵化、质量控制的全流程指导，以及丰富的学员班质量控制工具，能够帮助讲师高效完成教学任务，更好地组织和管理培训，提升培训效果。

本教材在编写过程中得到了贵州省人力资源和社会保障厅的大力支持以及六盘水市人力资源和社会保障局的帮助指导，六盘水市师之道创业指导有限责任公司组织开展了大量教材研讨交流、试用完善等工作，在此一并感谢。

限于编者水平，书中不妥之处在所难免，恳请读者批评指正。

互联网招聘（直播带岗）系列课程研发小组

目 录
CONTENTS

| 第一部分 | 直播带岗培训讲师 | 一、直播带岗培训讲师核心职责 | 3 |
| | | 二、直播带岗培训讲师申请条件、培训周期及核心要求 | 3 |

| 第二部分 | 直播带岗培训学员培训周期 | | |

培训周期第一步　培训推介　　　　7

　一、什么是培训推介　　　　7

　二、培训推介的重要性　　　　7

　三、如何开展培训推介　　　　8

培训周期第二步　学员选择　　　　9

　一、什么是学员选择　　　　9

　二、为什么要进行学员选择　　　　9

　三、如何进行学员选择　　　　9

培训周期第三步　需求分析　　　　10

　一、什么是需求分析　　　　10

　二、需求分析的重要性　　　　10

　三、如何进行需求分析　　　　10

培训周期第四步　培训实施　　　　12
　　一、什么是培训实施　　　　　　12
　　二、培训实施的主要内容　　　　12

培训周期第五步　陪跑孵化　　　　17
　　一、什么是陪跑孵化　　　　　　17
　　二、为什么要进行陪跑孵化　　　17
　　三、如何进行陪跑孵化　　　　　17

培训周期第六步　质量控制　　　　18
　　一、什么是质量控制　　　　　　18
　　二、质量控制的重要性　　　　　18
　　三、质量控制工具　　　　　　　19

第三部分　直播带岗培训学员班课堂计划

直播带岗培训学员班课程安排表　　23
第1课　开班、团建破冰　　　　　　25
第2课　认识直播带岗与直播带岗平台选择　　26
第3课　直播带岗平台筹划与直播场景搭建　　27
第4课　直播间基础配置和构建直播团队　　28
第5课　打造人气主播与选岗筹划　　29
第6课　直播间岗位呈现形式及直播带岗资金筹划　　30
第7课　直播带岗运营　　　　　　　31
第8课　直播带岗实战1　　　　　　32
第9课　直播带岗实战2　　　　　　34
第10课　直播带岗实战3　　　　　35

第 11 课　直播带岗实战 4 及个人
　　　　　直播带岗实操考核　　　　36

第 12 课　直播带岗职业指导　　　37

附录 ｜ 直播带岗培训学员班质量控制工具

直播带岗培训学员申请表	41
直播带岗培训学员班设施设备清单	42
直播带岗培训学员班课程安排表	43
每日意见反馈表	46
直播带岗培训学员班结束评估表	47
直播带岗培训学员陪跑孵化服务需求调查表	48
直播带岗培训学员带岗情况跟踪调查表	49
直播带岗培训学员带岗情况统计表	50

第一部分
直播带岗培训讲师

直播带岗培训讲师是专业从事直播带岗主播或相关运营人员培训工作的人员。直播带岗培训讲师具备专业的直播带岗知识、技能和丰富经验，通过课程讲解、实践指导、案例分析等方式实施直播带岗教学和指导。

一、直播带岗培训讲师核心职责

1. 直播带岗培训讲师应主动并配合主管部门和培训机构做好直播带岗培训的营销推广工作。

2. 直播带岗培训讲师应配合培训机构完成培训需求调查与计划制订工作。深入调查了解学员的背景、需求和期望，根据调查结果制订详细的培训计划，包括培训目标、培训内容、培训方式等。做好学员选择、需求分析、培训指导和成果考核。

3. 直播带岗培训讲师应做好培训课程设计与实施工作。设计直播带岗培训课程内容，确保课程内容与直播带岗实际需求紧密相连；实施培训课程，采用有效的教学方法，确保学员能够掌握所学的知识和技能。

4. 直播带岗培训讲师应做好培训体系建设与维护工作。建立和维护直播带岗培训体系，包括培训流程、培训资料、培训评估等；不断优化培训体系，以适应直播带岗行业的快速发展和变化；运用质量控制工具，收集培训过程信息，评估培训结果。

5. 直播带岗培训讲师应做好培训效果评估与反馈工作。撰写培训报告，对培训效果进行评估和总结；收集学员反馈意见，了解培训课程的优点和不足，为后续改进培训课程提供依据。

二、直播带岗培训讲师申请条件、培训周期及核心要求

（一）直播带岗培训讲师申请条件

1. 遵守法律法规，身体健康，思想品德高尚，具备良好的职业素养，热爱直播带岗培训，执行直播带岗培训课程标准，具备较强的学习、沟通、合作等综合能力。

2. 大学本科及以上学历或中级及以上专业技术职称，对有人力资源服务工作经验者可适当放宽要求。

3. 有创业培训、网络创业培训、直播方面经验的培训讲师优先。

4. 承诺能够服从主管部门选派，承担直播带岗学员班培训授课任务及其他相关工作。

（二）直播带岗培训讲师培训周期

直播带岗培训讲师培训周期包括报名筛选、培训需求分析、培训实施、跟踪服务及质量控制五个步骤，如下图所示。

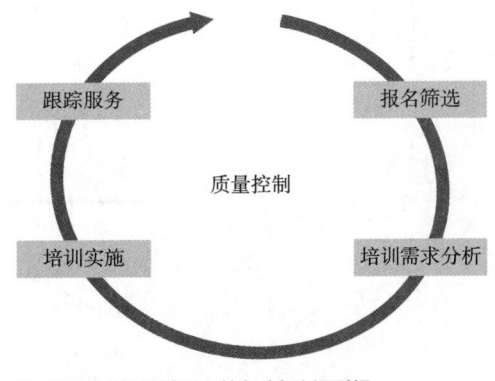

● 直播带岗培训讲师培训周期

(三)直播带岗培训讲师培训核心要求

1. 培训人数

为确保培训质量,直播带岗培训讲师培训提倡小班制互动式教学,每班人数不超过30人。

2. 授课培训师

每期直播带岗培训讲师培训班由2名培训师共同授课。主办单位应为授课培训师免费安排食宿。授课培训师完成培训任务可领取相应课酬,课酬标准应不低于1 500元/(人·天)。

3. 课时要求

为确保培训质量,直播带岗培训讲师培训班采取集中授课,并提供标准课程安排,明确课时要求和教学内容。直播带岗培训讲师培训共10天,80课时。

4. 场地设备及教材教具

直播带岗培训讲师培训班场地面积应能实现移动桌椅呈"U形"或"岛形"摆放,便于授课培训师教学互动和实操训练。主办单位应统一征订课程配套教材,确保每人一套学员教材和一本讲师手册。每期直播带岗培训讲师培训班应配备不少于5套直播带岗实操设备。

5. 培训考核

直播带岗培训讲师培训班严禁旷课、迟到或早退。无故旷课或请假将不能参加考核。考核分为理论考试和试讲/说课。理论考试时间为60分钟,满分100分,60分及以上为合格。试讲/说课是指培训讲师通过现场抽取顺序签或题签,在规定时间内完成抽取题目的试讲或说课,授课培训师及其他培训讲师对其试讲或说课表现进行点评和打分,试讲/说课满分10分,6分及以上为合格,试讲/说课结束后,授课培训师现场打分并公布成绩。理论考试和试讲/说课均合格视为考核合格,可获得直播带岗培训讲师培训合格证书。

第二部分
直播带岗培训学员培训周期

直播带岗培训学员培训周期描述了培训活动设计和课程实施过程中所涉及的各个步骤,包括培训推介、学员选择、需求分析、培训实施、陪跑孵化和质量控制,如下图所示。上一次培训活动所取得的最终结果将被反馈到下一次培训活动的计划阶段,从而促使培训活动质量不断提高。

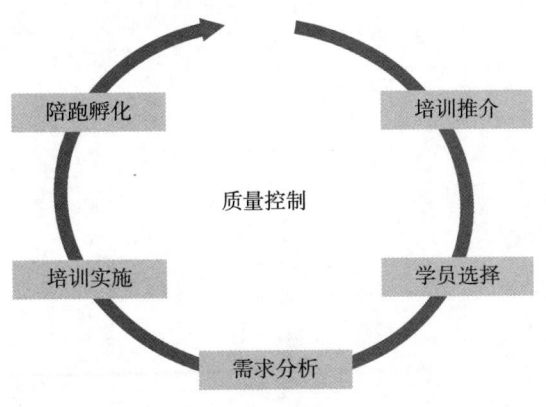

● 直播带岗培训学员培训周期

培训周期第一步　培训推介

一、什么是培训推介

培训推介是指各级直播带岗培训主管部门、培训机构和培训讲师通过各类方式进行宣传推介活动，向潜在学员推介直播带岗培训课程的过程。

二、培训推介的重要性

培训推介工作十分重要。合理组织、分配、使用资源来推介直播带岗培训课程有助于找出市场中符合培训目标要求的潜在学员，挖掘并挑选出对直播带岗培训有真实需求和意愿的目标学员促进培训质量提升。高质量的培训推介活动不仅有利于吸引更多有意愿、有能力从事直播带岗的人员，还有利于帮助直播带岗培训主管部门、培训机构和培训讲师实现下列目标。

（一）提升学员学习欲望

通过培训推介，让潜在学员对直播带岗系统的专业知识产生学习兴趣。比如，直播带岗主播通过学习岗位知识讲解、行业动态分析等内容，可以深入了解招聘岗位的细节和市场需求，从而更精准地向求职者介绍岗位信息。此外，培训推介可以着重提升潜在学员的沟通能力，帮助他们掌握与求职者互动答疑的技巧等，以便在直播过程中更好地展现岗位优势，吸引求职者。

（二）提高就业服务质量

培训推介能够帮助潜在学员更准确地了解和把握岗位要求和求职者需求，进而实现精准匹配。例如，潜在学员经过培训后，能够根据求职者的技能、经验和期望快速推荐合适的岗位，提高求职者找到理想工作的效率，也提升企业招聘的满意度。

培训推介可以帮助潜在学员明确直播带岗的服务流程和标准，比如，直播前如何准备岗位资料、直播中如何介绍福利待遇、直播后如何跟进求职者等，使整个直播带岗服务过程更加专业、规范，提升就业服务质量。

（三）适应行业发展需求

直播带岗行业发展迅速，新的技术和理念不断涌现。通过培训推介，潜在学员有机会及时学习新的直播方式、拓展招聘渠道等知识，跟上行业的发展步伐，保持行业竞争力。

培训推介有利于激活潜在学员的创新思维，比如，引导他们思考如何结合虚拟现实技术让求职者更好地感受工作环境，或者如何创新直播互动环节吸引更多求职者，从而推动直播带岗行业的创新发展等。

三、如何开展培训推介

培训推介没有固定的模式和流程，各级直播带岗培训主管部门、培训机构和培训讲师可以运用市场营销的思维和方法，从挖掘市场机会、细分目标人群、整合利用资源等角度进行思考，结合4P营销理论，围绕设计直播带岗培训产品（product）、制定合理价格（price）、选择地点和渠道（place）、运用促销手段（promotion）等方面制订详细的营销策略。无论采用何种推介模式，关键在于覆盖重点推介对象，采取适合的推介方式，组织形式多样的推介活动，突出直播带岗培训课程优势，从而吸引目标群体主动了解并参与直播带岗培训。

（一）推介的对象

直播带岗培训面向有培训意愿和培训需求的潜在或现有的直播带岗从业人员。

培训机构或培训讲师要面向那些能够从培训中受益的学员进行推介，并传递对学员有吸引力的直播带岗培训信息。

（二）推介的方式

推介的方式很多，而且随着宣传媒介和技术的迭代持续发生变化，培训机构或培训讲师可以根据具体情况和条件灵活运用不同的方式来推介直播带岗培训课程。

1. 人员推介

培训机构或培训讲师可以通过社区宣讲、会议宣传、亲自拜访潜在或现有的直播带岗从业人员等方式，直面目标群体，快速建立信任，同时可以根据目标群体的反馈精准推介。

2. 活动推介

各级直播带岗培训主管部门、培训机构可通过整合资源，设计主题推广活动或情境，如举办专题宣讲、现场演练、直播带岗实操展示等，以快速提升直播带岗培训的关注度，在短时间内吸引大量目标群体。此外，通过选树典型、宣传培训成果和成功案例等，进一步扩大直播带岗培训课程的影响力和吸引力。

3. 媒体推介

随着网络信息技术的发展，新媒体层出不穷，包括各类社交软件、小程序、自媒体平台、短视频和直播平台等，利用新媒体技术推介具有信息丰富、传播范围广、速度快、灵活多变、交互性强等优势，部分新媒体技术还可以提供数据收集与分析功能。各级直播带岗培训主管部门、培训机构和培训讲师应与时俱进，采用线上、线下或两者结合的方式进行直播带岗培训推介，实现和现有学员、潜在学员的全方位沟通与互动，有效提升直播带岗培训推介效果。

培训周期第二步　学员选择

一、什么是学员选择

学员选择是指培训机构和培训讲师根据学员培训意愿，利用标准工具，按照条件要求和标准流程，确定学员是否适合参加直播带岗培训的过程。

二、为什么要进行学员选择

选择出能够从培训中受益的学员，是保证培训效果的重要前提。

直播带岗培训中的任何一位学员都会对其他学员的培训体验产生直接或间接影响。为保证培训质量，培训机构和培训讲师必须从众多潜在学员中把那些真正能从培训中受益的人选出来，作为培训班的学员。

如果不能按照学员选择的标准进行正确的筛选，就会使具有不同培训需求的学员在同一培训课堂中接受同样的培训内容，这样一来，培训讲师将会面临巨大的培训压力，也会直接影响培训效果，降低学员的满意度，进而使培训机构和培训讲师的声誉受损，甚至阻碍培训讲师的职业发展。

只有当学员条件符合培训课程的入选标准时，培训讲师才有可能提供令人满意的服务，才可能实现培训效果与学员满意度的有效统一。因此，正确地进行学员选择是符合学员、培训讲师和培训机构共同利益的，能够有效促进直播带岗培训课程的发展。

三、如何进行学员选择

（一）学员选择的标准

参加直播带岗培训的学员应该满足以下条件：

- 具有初中及以上文化程度。
- 具备一定的语言组织和表达能力。
- 具有一定的短视频拍摄制作和直播基础。
- 有参加直播带岗培训的意愿和直播带岗工作能力提升方面的需求。
- 有全程参与培训的时间保障。

培训机构和培训讲师在学员选择实际工作中可能会遇到一些问题。例如，一些潜在学员有强烈的意愿但暂时不满足其他条件（如缺乏时间保障等）。对于是否拒绝这些学员的考量原则是，培训机构和培训讲师要保证培训班整体的满意度，避免因个别学员而影响整体的培训效果。

（二）学员选择的工具

为保证学员选择环节客观、准确、高效，培训机构和培训讲师应使用学员选择工具，并按照标准的流程组织学员选择工作。

学员选择的工具主要是"直播带岗培训学员申请表"（以下简称"申请表"）。

（三）学员选择的标准流程

培训机构和培训讲师可以通过面谈或线上交流等形式充分了解、考察潜在学员，流程如下：

指导学员填写申请表 ➡ 评估填表情况 ➡ 确定是否适合参加培训课程。

学员选择过程中应注意以下事项：

1. 潜在学员最好在培训机构项目负责人员或培训讲师指导下填写申请表。

2. 申请表中填写的各项信息应确保准确、完整，以便培训机构和培训讲师获得更多的潜在学员信息。

3. 学员选择结束后，培训机构和培训讲师要向潜在学员解释他们满足或不满足参训条件的原因，帮助他们厘清实际的培训需求。

培训周期第三步　　需求分析

一、什么是需求分析

需求分析是指培训机构和培训讲师根据学员填写的申请表，了解学员资源条件、培训预期和实际需求的过程。培训机构和培训讲师应评估入选学员对培训的确切需求，测定并分析学员个人的"实际状况"与其期望通过培训达到的"目标状况"之间的差距。

二、需求分析的重要性

良好、有效的培训需求分析能够帮助培训机构和培训讲师实现下列目标：

- 找出学员学习期望与当下的实际差距，有针对性地设计培训内容。
- 了解学员的知识背景与性格特点，选择恰当的培训方法、培训工具及培训技巧。
- 选择符合学员需求的、方便学员参加的培训时间及培训地点。

培训需求分析有利于提高学员的满意度，给培训机构和培训讲师带来更好的口碑，并提高培训服务的市场需求度，实现直播带岗培训的可持续发展。

三、如何进行需求分析

（一）设计需求分析问卷

申请表提供了学员的重要信息，是培训机构和培训讲师开展需求分析的重要依据。

通常情况下，需求分析可与学员选择同步进行。有条件的培训机构和培训讲师可组织对学员进行面试，根据所在地区和潜在学员的具体情况设计培训需求分析问卷，进一步了解学员培训需求。问卷调查重点关注学员"实际状况"、期望达到的"目标状况"、喜欢的学习方式、适宜的教学方法、特殊困难、个人发展方面的意愿、对培训时间的要求、课程适应的程度、喜欢的语言表达方式、适合的环境等。

设计需求分析问卷时应注意以下几个方面：

1. 问卷设计目的要明确

培训机构和培训讲师要清楚，设计问卷是为了确定学员在知识、技能、态度等方面的培训需求。

2. 问卷内容要考虑学员差异性

要分析学员的工作经验、教育背景等因素，对于不同类型和基础的学员，问卷的语言和内容深度应有所不同。要让学员了解问卷的重要性，以及他们的回答将如何影响培训计划，从而提高他们参与调查的积极性。

3. 问题设计要合理

一是要重视问题相关性，所有问题都应与培训需求紧密相关，避免问一些无关的个人信息，除非这些信息对培训设计有实际帮助。

二是问题要具体明确，避免问模糊问题。例如，不要问"你觉得工作有困难吗？"，而应该问"你在工作流程中哪一个环节（如客户沟通、文件处理等）遇到的困难最多？"。

三是要采用选择题、量表题、简答题等多种题型设计问卷。选择题方便统计，量表题（如用1~5分评价技能掌握程度）可以量化需求程度，简答题能获取更深入的个性化意见。

4. 答案选项设计要尽可能全面

答案选项要尽可能涵盖所有可能的情况。对于选择题，可设置"其他（请注明）"选项，以便收集特殊回答；不能设计带有引导性的选项，引导回答者选择特定答案，如"您肯定希望增加工作技能方面的培训，对吗？"。

5. 问卷逻辑结构要清晰

问题应按照一定的逻辑顺序排列，如先了解学员的基本工作情况，再询问他们对培训的看法和需求。如果问题较多，可以将相关问题分组，并为每组问题添加标题，方便学员理解回答。

6. 问卷语言要通俗易懂

要使用简单、无歧义的语言，避免使用行业术语和复杂的句子结构。如果必须使用专业词汇，要加以解释。语言的使用要体现对学员的尊重，避免使用带有指责或命令口吻的措辞，保持中性的语气，不体现个人偏见。

（二）需求分析的方法

需求分析通常采用面谈和资料分析相结合的方法进行。

面谈时，应注意：选择特定的时间、地点，排除外界干扰，也可通过线上方式进行，时间通常为每位学员 5 分钟；培训讲师应关注学员已掌握知识与实际应用之间的差距；应保持在轻松的氛围中进行，不要让学员感到压力。对于资料的分析要科学、合理、客观。

培训周期第四步　培训实施

一、什么是培训实施

培训实施是指培训机构和培训讲师组织学员参与培训的过程。该过程主要包括培训前筹备、培训中教学和培训后资料管理三个阶段。

二、培训实施的主要内容

（一）培训前筹备

1. 技术要求

为保证培训机构和培训讲师高效组织学员培训班，切实达成培训目标，全方位提升学员的培训体验，开展直播带岗培训前应完成以下筹备工作，以达到培训技术要求。

- 确定培训人数。采取小班制互动式教学，为确保培训质量，每班不超过 35 人。
- 确定培训讲师。每期培训班由 2 名持有直播带岗培训讲师培训合格证书的培训讲师共同授课。
- 准备教材教具。统一订购指定教材，确保学员每人一套教材。
- 筹备场地、设备。培训场地面积要足以实现移动桌椅呈"U 形"或"岛形"摆放，便于培训讲师组织教学活动。每期培训班应准备不少于 5 套直播带岗实操设备。
- 确定课程安排。按照"直播带岗培训学员班课程安排表"组织集中授课，按计划有步骤推进。

2. 培训前筹备步骤

确定培训时间 ➡ 选择培训地点 ➡ 做好费用预算 ➡ 确定课程安排 ➡ 确定培训讲师 ➡ 发布培训通知 ➡ 准备教材及设备 ➡ 召开预备会 ➡ 最后全面检查

（二）培训中教学

1. 技术要求

- 课时要求：原则上不少于 8（7+1）天，64 课时。
- 考勤要求：严禁迟到早退、无故旷课。无故迟到或早退超过 2 次，请假超过 1 次（请假不能超过 4 课时），学员将不能参加考核。
- 考核要求：提交直播带岗实操成果（不低于 5 分钟）。

2. 讲师工作

培训教学过程中，培训讲师应按技术要求完成授课和实操指导任务，并配合培训机构完成以下工作：

（1）教材的发放工作。

（2）班级花名册和考勤管理归档工作。

（3）辅助后勤安排、准备和服务工作。

（4）培训班各种质量控制工具表的使用、收集、整理和归档工作。

3. 开展教学活动

（1）认识直播带岗培训。直播带岗培训是一个综合性的能力提升过程，包括以下四个相互联系的要素。

- 知识：要让参训学员知道直播带岗包括哪些内容，并能理解和掌握这些内容。
- 技能：要使参训学员通过学习和练习获得独立开展直播带岗的技能，具备直播带岗筹划的能力。
- 态度：要指导参训学员以正确的、积极的心态运用所学到的知识和技能。
- 行为：要指导参训学员将所学到的知识和技能应用于直播带岗实践。

（2）了解学员的学习特点。直播带岗培训学员均为成人，成人学习通常具有以下特点。

- 学习目的明确：成人学习通常是为了满足实际需求，如提升直播带岗技能来获得晋升机会、增加收入，或者为了个人兴趣，通过学习来丰富生活。
- 学习经验丰富：成人在生活和工作中积累了知识和经验，这些知识和经验会影响他们对新知识的理解和吸收，可能有利于将新知识与以往经验建立联系，也可能导致固有思维，阻碍新观念的接受。
- 自主学习能力较强：成人通常能自我管理学习过程，主动制订学习计划和目标。
- 注重实用性：成人更关注知识和技能的实用性，希望所学内容可以马上应用到实际生活或工作中，所以对能解决实际问题的内容更感兴趣。

（3）了解教学计划。教学计划是培训机构或培训讲师为达成教学目标，依据课程标准和学员特点制定的教学安排。它涵盖教学目标、培训内容、培训方法、培训进度、培训评价等要素。教学目标明确学员学习后应达到的知识、技能与情感水平；培训内容确定讲授的知识范围；培训方法用于知识传授，如讲授法、讨论法等；培训进度规划各阶段教学任务；培训评价则考查学员学习成果与培训讲师培训效果，包括考试、作业、课堂表现评价等。合理制订教学计划有助于提高教学质量，助力学员有效学习并促进培训讲师专业成长，使教学活动有章可循、有序开展，适应不同学科、课程与学员需求，为教学成功奠定基础。为实现教学目标，培训讲师在授课前应根据需求分析结果，结合学员特点，制订或修改教学计划；授课中，根据教学计划控制授课进程，完成授课任务；授课后，根据学员学习成果、质量控制结果进行反思总结，优化教学计划。

确定教学目标是制订教学计划中的一项重要工作，各项教学活动均以教学目标为导向。教学目标应具备以下特点。

- 指向性明确：即清晰地指向学员通过学习在知识、技能、情感态度和价值观等方面的预期变化。比如，在数学教学中，目标可能是学生能够正确运用某一公式解题，这就明确地指向了具体的知识应用技能。

- 可衡量性：即能用具体的行为动词来描述教学目标，便于检测。例如，"学员能够背诵出某篇课文""学员能在5分钟内完成10道数学计算题且准确率达到80%"，通过观察学生行为或测试结果就可以衡量目标是否达成。

- 梯度性：考虑到学员的个体差异和学习的渐进性，教学目标应设计不同梯度。例如，在语文写作教学中，目标从简单到复杂，先是让学生学会写通顺的句子，接着是段落，最后是完整的文章。

- 关联性：教学目标与课程标准和教材内容紧密关联，体现学科知识体系的连贯性。同时，教学目标也与学员已有的知识经验相关联，能够帮助学员在已有知识经验基础上构建新的知识体系。

- 可行性：教学目标应符合学员的身心发展特点和认知规律，在培训资源和时间允许的情况下能够达成。如果所设定的教学目标超出学员的能力范围或者教学条件限制，就难以实现。

（4）认识培训方法。培训方法是培训讲师和学员为完成一定的教学任务，在共同的活动中所采用的培训途径和手段，它常常是教学活动中的一系列操作活动，可以由多种培训方法组成。使用培训方法能让学员通过主动进入教学活动的方式参加学习，增强学员参与度，提升学员培训体验，帮助学员预演并解决在直播带岗时可能遇到的问题，高效实现教学目标。直播带岗培训常用的培训方法包括讲授法、案例分析法、讨论法、头脑风暴法、演示法、角色扮演法、游戏法等，下面逐一介绍。

1）讲授法：讲授法是培训讲师通过口头语言向学员讲解和传授知识的培训方法，即培训讲师讲授课程内容，辅以向学员提问和学员作答的方法。讲授法是一种快速、有效、灵活的培训方法。

优点：高效性，能在短时间内传递大量系统知识；主导性，培训讲师能够掌控教学进度和内容，引导学员思考方向。

缺点：可能会使学员比较被动，学员如果长时间听讲，参与度会降低，容易出现走神儿的情况；讲授法侧重于知识的传授，在培养学员的动手能力和创造力等方面有一定的局限性；对师资要求较高。

为了有效运用讲授法，培训讲师需要精心准备内容，语言表达要清晰准确、生动形象，并且要注意与学员互动，可通过提问等方式调动学员的积极性。

使用步骤：介绍 ➡ 讲授 ➡ 巩固 ➡ 总结。

2）案例分析法：案例分析法是一种以案例为基础的培训方法。

优点：一是加深理解，通过真实案例将抽象知识具体化，帮助学员更好地理解理论知识，能让学员更直观地体会知识如何在现实中运用；二是提升实践能力，让学员置身于实际问题情境，促使他们运用所学知识分析和解决实际问题，锻炼实践能力；三是培养综合素养，案例分析过程中，学员需要从多个角度思考问题，表达个人观点，倾听他人意见，综合考虑形成最优化的解决方案，有利于培养批判性思维，提升沟通能力和团队合作能力；四是激发学习兴趣，真实有趣的案例更有利于吸引学员注意力，激发他们的学习兴趣和主动性。

缺点：一是对案例质量要求高，案例的选择直接影响培训效果，如果案例不典型、不真实或者与培训内容关联不大，会影响培训质量；二是培训时间较难把控，学员讨论案例时可能会出现偏离主题、时间过长或过短等情况，需要培训讲师有较强的课堂组织和时间管理能力；三是知识系统性不足，案例分析侧重于具体问题的解决，可能会导致知识的传授不够系统，学员难以形成完整的知识体系。

使用步骤：介绍案例 ➡ 分析案例 ➡ 针对问题发言 ➡ 提出解决方案 ➡ 点评。

3）讨论法：讨论法是指学员在培训讲师指导下，就某一问题或主题发表自己的看法，相互交流、启发，以获取知识的培训方法。运用讨论法时，培训讲师要精心设计讨论主题，主题要具有一定的启发性和争议性，同时，培训讲师要引导学员做好讨论前的准备工作，并且在讨论过程中积极组织、适时引导，最后对讨论的结果进行总结和评价。

优点：一是能激发学员的主动性和积极性，讨论过程中，学员可以自由地表达观点，尽情分享自己对课程内容的理解；二是有助于培养学员的批判性思维和独立思考能力，讨论过程中，学员需要思考各种观点的合理性，对不同观点进行分析和判断；三是能够促进学员之间的思想碰撞和交流，提升合作意识和能力。

缺点：一是课堂秩序较难控制，学员可能出现争论不休或者跑题的情况；二是讨论的效果依赖于学员的准备情况和参与度，学员准备不充分的情况下较难达到预期的培训效果。

使用步骤：介绍 ➡ 讨论 ➡ 结果呈现 ➡ 总结。

4）头脑风暴法：头脑风暴法是一种激发创造性思维的培训方法。其主要特点是畅所欲言和集思广益，要求参与者尽可能地放开思维，不受常规限制，发表个人看法，甚至可以提出一些看似天马行空的想法和概念，并且鼓励集体参与，汇聚众人智慧，相互启发，形成连锁反应。运用头脑风暴法时，培训讲师要先明确主题，营造轻松、自由的氛围，鼓励所有学员积极参与，并且提醒学员不要急于评价他人的想法，以保证头脑风暴顺利进行。

优点：一是能够在短时间内收集到大量的创意和观点；二是有助于激发学员的创造力，让每个人都能积极思考，突破思维定式。

缺点：一是可能会产生大量低质量或不切实际的想法，需要后期筛选和整理；二是有时会出现个别学员过于强势，影响其他学员表达观点的情况。

使用步骤：介绍 ➡ 产出 ➡ 分析 ➡ 总结。

5）演示法：演示法是指培训讲师通过展示实物、直观教具或进行示范性实验等方式使学员获得知识或巩固知识的培训方法。其主要特点是直观性和形象性。这种直观的展示有助于将抽象的知识变得具体易懂。运用演示法时，培训讲师要确保演示内容清晰、准确，并且要配合讲解，引导学员观察重点。

优点：可以增强学员的感性认识，激发学员的学习兴趣，吸引学员的注意力，有助于学员理解和记忆，帮助学员更快地掌握所要学习的知识。

缺点：演示的设备、材料等准备工作可能比较烦琐，如果演示的速度、过程控制不好，可能会影响培训效果。

使用步骤：选择内容 ➡ 剧本编写 ➡ 演示 ➡ 总结。

6）角色扮演法：角色扮演法是一种让学员通过扮演特定角色来体验情境、学习知识和技能的培训方法。它能创设出接近真实生活的场景，学员在角色扮演过程中能够亲身体验角色的情感、思维和行为方式。运用角色扮演法时，培训讲师要精心设计角色扮演的主题和场景，确保与培训内容紧密结合。同时，培训讲师要引导学员深入理解角色，在角色扮演后组织学员进行反思和总结，以强化学习效果。

优点：可以增强学员的学习参与度，提高学员的沟通和人际交往能力，有助于培养学员的同理心和社会责任感。

缺点：一是准备工作比较复杂，包括场景布置、角色设定和相关资料准备等；二是可能会出现学员过于注重表演而偏离学习目标的情况，或者有些学员因为性格内向等原因参与度不高。

使用步骤：准备 ➡ 介绍 ➡ 表演 ➡ 总结。

7）游戏法：游戏法是将培训内容与游戏相结合的一种培训方法，具有趣味性和竞争性的特点。游戏本身的趣味性有助于吸引学员的注意力，让他们在轻松愉快的氛围中学习。同时，游戏大多带有一定的竞争因素，可以激发学员的好胜心，促使他们积极参与。运用游戏法时，培训讲师要精心设计游戏，确保游戏规则简单易懂，并且游戏内容紧密围绕培训内容展开，游戏过程中要善于引导学员应用所学的相关知识和技能。

优点：可以有效提高学员的学习积极性和主动性，有助于培养学员的团队合作精神和竞争意识，能够增强学员对知识和技能的记忆和理解，获得较好的培训效果。

缺点：对游戏设计要求较高，如果设计不合理，可能会导致游戏环节与培训内容脱节，无法达到预期的教学目标；游戏过程中学员可能会过于关注游戏胜负，而忽略了知识和技能的学习。

使用步骤：介绍游戏规则 ➡ 控制游戏过程 ➡ 总结游戏结果。

（三）培训后资料管理

培训结束后，培训机构和培训讲师应及时做好资料收集、整理工作，以及相应培训合格证书的申请发放工作，并按照当地直播带岗培训主管部门要求报送本次培训班相关信息及材料。

培训周期第五步　陪跑孵化

一、什么是陪跑孵化

直播带岗陪跑孵化是就业指导与创业扶持的一种综合创新模式，是指在直播带岗培训周期中，培训机构和培训讲师陪同学员进行直播带岗活动，完成直播带岗流程，优化直播带岗效果，从而培育出更多适合和能够进行直播带岗的人才的指导服务活动。陪跑人员要负责指导策划直播带岗活动方案、布置现场，以及处理各种突发情况，增强培训效果。

二、为什么要进行陪跑孵化

培训机构和培训讲师参加对直播带岗学员的陪跑孵化至关重要，直接影响学员的就业体验与职业发展。学员在直播带岗实践中会面临各种各样的问题，而培训不足以解决所有问题，陪跑孵化就是要帮助学员制订每场直播带岗实施方案，保持信息实时同步，并对现场状态进行优化和数据分析，根据技术要求在直播过程中实时调整直播策略、分析直播数据和优化直播方案，针对直播账号提供定制化的直播脚本、主播话术等。通过陪跑孵化服务帮助学员将所学知识运用于实际工作中，有利于学员对知识的深刻理解和灵活应用，优化培训效果。

三、如何进行陪跑孵化

不同的学员对于陪跑孵化服务的需求不尽相同，这就对培训机构和培训讲师提出了更高的要求。如何针对学员需求提供针对性强、可行性高、性价比优的陪跑孵化支持，培训机构和培训讲师既要具有专业的知识和能力，又要拥有丰富的资源和经验。

（一）选择陪跑孵化的方式

1. 技能培训与提升

（1）专业技能深化：根据直播带岗学员所在岗位和行业需求，提供进阶的专业技能培训。例如，安排用工企业信息管理、直播数据分析等课程，帮助他们深入理解业务，提升工作效率。

（2）通用技能拓展：开展如沟通技巧、团队协作、时间管理等通用技能培训，以提升他们的综合职业素养。例如，通过模拟场景训练，提高直播带岗学员与团队其他成员和合作对象沟通的能力。

2. 职业发展规划与指导

（1）个性化职业规划：为直播带岗学员提供一对一的职业规划咨询，根据他们的兴趣、技能和市场需求，帮助制定长期职业发展路线，如为有意向转型做直播运营管理的主播规划晋升路径等。

（2）行业动态分享：定期组织行业研讨会或推送行业资讯，让学员了解直播带岗行业的最新趋势、技术创新和市场变化，以便他们能提前做好职业转型或技能升级的准备。

3. 心理与情绪支持

（1）压力缓解与心理疏导：直播带岗工作强度高、压力大，为学员提供心理辅导服务，如开设线上心理课程或提供心理咨询服务等，有助于缓解他们的工作压力和焦虑情绪等。

（2）心态调整与激励：在直播带岗学员遇到直播效果不佳、互动环节失控等挫折时，给予鼓励和心态调整的建议，可帮助他们更加积极地面对直播带岗工作。

4. 社交与资源共享

（1）社群搭建：建立直播带岗从业人员社群，促进交流与合作，社群中分享工作经验、行业见解，互相推荐优质资源等。

（2）资源对接：为直播带岗从业人员提供包括人才、产品、技术等资源的对接服务。例如，为需要专业设备的从业人员联系可靠的供应商，或者为寻找合作主播的机构和个人"牵线搭桥"等。

（二）选择陪跑孵化的方法

1. 研讨沙龙

研讨沙龙是指通过现场交流和讨论的方式发现各种个性和共性的问题，共同研讨出解决问题的方案。

2. 现场复盘

现场复盘是指有针对性地参与学员的实践活动，结束时结合直播带岗的技术要求，针对现场实际情况组织复盘，总结出现的问题，提出解决问题的方案。

培训周期第六步　质量控制

一、什么是质量控制

质量控制是全程监控直播带岗培训的手段，涵盖信息收集、整理、分析及评估。它旨在追踪培训进展，评估效果与学员满意度，确保目标达成。通过记录、控制与比对，衡量成效，调整策略，优化实践，推动直播带岗培训课程持续优化与长远发展。

二、质量控制的重要性

质量控制能优化参与者表现，促进项目长远发展，通过高质量服务惠及学员、培训讲师及培训机构。质量控制贯穿培训全程，能够精准衡量进展，评估效能，便于及时调整策略以优化执行，为未来规划奠定坚实基础，推动培训活动持续优化与前行。

三、质量控制工具

质量控制工具主要有 8 个，详细信息见下表，样式见附录。

直播带岗培训学员班质量控制工具				
工具名称	用途	填写人	使用者	使用时间
直播带岗培训学员申请表	收集学员基本信息 选择学员及培训需求分析	培训讲师或指导学员填写	学员	培训前
直播带岗培训学员班设施设备清单	做好培训前期相关筹备工作	—	培训机构	培训前
直播带岗培训学员班课程安排表	提供学员班标准课程安排	—	培训讲师 培训机构	培训前
每日意见反馈表	学员总结复盘 评估学员对当天培训的满意度	学员	学员	培训中
直播带岗培训学员班结束评估表	对学员班培训效果及满意度进行评价，并提出意见或建议	学员	学员	培训中
直播带岗培训学员陪跑孵化服务需求调查表	了解学员后续服务需求情况，针对性提供陪跑孵化服务	培训讲师 培训机构	培训讲师 培训机构	培训后
直播带岗培训学员带岗情况跟踪调查表	了解学员参训后就业创业情况，特别是带岗情况	培训讲师 培训机构	培训讲师 培训机构	培训后
直播带岗培训学员带岗情况统计表	汇总学员带岗情况，实施动态管理	培训讲师 培训机构	培训讲师 培训机构	培训后

第三部分
直播带岗培训学员班课堂计划

直播带岗培训学员班课程安排表

日期	时间	课程单元	课程内容	课时	实训/实操任务	授课讲师
第一天	08:50—12:00	第1课 开班、团建破冰	破冰、项目介绍	1		
			建立学习小组	3		
	13:30—16:40	第2课 认识直播带岗与直播带岗平台选择	第一章 认识直播带岗 第一节 直播带岗的概念及发展历程 第二节 直播带岗的现状及发展趋势	1		
			第一章 认识直播带岗 第三节 直播带岗的主要形式 第四节 直播带岗的主要收益方式	2		
			第二章 直播带岗平台筹划 第一节 直播带岗平台选择	1	实训任务1	
第二天	08:50—12:00	第3课 直播带岗平台筹划与直播场景搭建	第二章 直播带岗平台筹划 第二节 熟悉平台规则 第三节 避免违规直播	2	实训任务2	
			第三章 直播带岗现场筹划 第一节 直播场景搭建	2	实训任务3	
	13:30—16:40	第4课 直播间基础配置和构建直播团队	第三章 直播带岗现场筹划 第二节 直播间基础配置	2	实训任务4	
			第四章 直播带岗人员筹划 第一节 构建直播团队	2	实训任务5	
第三天	08:50—12:00	第5课 打造人气主播与选岗筹划	第四章 直播带岗人员筹划 第二节 打造人气主播	1	实训任务6	
			第五章 直播带岗选岗筹划 第一节 选岗维度 第二节 选岗步骤	3	实训任务7（线上岗位信息收集）	
	13:30—16:40	入企探岗	入企探岗	4	实训任务7（线下入企探岗信息收集）	
第四天	08:50—12:00	第6课 直播间岗位呈现形式及直播带岗资金筹划	第五章 直播带岗选岗筹划 第三节 直播间岗位呈现形式	2	实训任务8	
			第六章 直播带岗资金筹划 第一节 投资预测	1		
			第六章 直播带岗资金筹划 第二节 流动资金预测	1	实训任务9	

续表

日期	时间	课程单元	课程内容	课时	实训/实操任务	授课讲师
第四天	13：30—16：40	第7课 直播带岗运营	第七章 直播带岗运营 第一节 直播带岗运营形式 第二节 直播带岗运营关键要素	2		
			第七章 直播带岗运营 第三节 直播带岗运营设计	2	实训任务10	
第五天	08：50—12：00	第8课 直播带岗实战1	第八章 直播带岗实战 第一节 带岗直播前的准备（1.直播带岗推广；2.短视频营销）	4	实训任务11	
	13：30—16：40		第八章 直播带岗实战 第一节 带岗直播前的准备（2.短视频营销）	4	实训任务12	
第六天	08：50—12：00	第9课 直播带岗实战2	第八章 直播带岗实战 第一节 带岗直播前的准备（3.开播前物料检查）	1		
			第八章 直播带岗实战 第一节 带岗直播前的准备（4.直播带岗场景搭建）	1		
			第八章 直播带岗实战 第二节 带岗直播中的实施	2	实训任务13	
	13：30—16：40	第10课 直播带岗实战3	小组策划直播带岗内容并完成一场120分钟直播带岗活动 第八章 直播带岗实战 第三节 直播带岗后的复盘	4	实训任务14	
第七天	08：50—12：00	第11课 直播带岗实战4及个人直播带岗实操考核	第八章 直播带岗实战 第四节 直播带岗运营优化	1.5	实训任务15	
			个人直播带岗实操考核1（2人/组，20分钟/组）	2.5		
	13：30—16：40		个人直播带岗实操考核2（2人/组，20分钟/组）	4		
第八天	08：50—12：00	第12课 直播带岗职业指导	第九章 直播带岗职业指导 第一节 职业指导基础知识 第二节 直播带岗职业指导技术（1.制作求职简历；2.制作企业招聘简章）	2	实训任务16	
			第九章 直播带岗职业指导 第二节 直播带岗职业指导技术（3.实施模拟面试）	2	模拟面试	
	13：30—16：40	考试、结业典礼	理论考试、结业典礼	4		

注：每课时45分钟。

第1课 开班、团建破冰

教学目标：
- 了解直播带岗培训项目和培训内容。
- 完成破冰并建立学习小组。

视觉教具： 多媒体投影仪、白板、彩色异型卡纸、活页挂纸、各类相关设备及软件。

授课时间： 第一天08：50—12：00（180分钟+课间10分钟）。

时长	内容概述	授课方法和内容	参考资料
20分钟	开班典礼	1. 介绍出席领导及培训讲师 2. 对培训过程及纪律等提出要求 3. 合影留念	
70分钟	项目介绍	讲授法： 1. 介绍直播带岗项目的开发历程 2. 介绍八天的培训内容及考核要求，帮助学员明确培训总体目标 3. 介绍全国直播带岗形势，帮助学员树立直播带岗信心	直播带岗培训学员班课程安排表
70分钟	建立学习小组	讲授法、小组互动式教学： 1. 将学员按年龄、职业、性别等分组，保证每个小组不低于1人正在从事直播带岗工作或就职于相关劳务平台 2. 小组展示（每个小组准备20分钟，展示5分钟），如时间充裕，可进行个人介绍 3. 组建班委会，选出一名班长及若干组长 4. 每个小组领取一个团队任务，如学习组、劳动组等	
20分钟	总结	讲授法： 总结本次课程内容，再次确认学员已知悉八天的培训内容，并清楚所在小组领取到的团队任务	

第 2 课　认识直播带岗与直播带岗平台选择

教学目标：
- 了解直播带岗的概念。
- 了解行业发展趋势和方向。
- 选择适合自己的直播带岗平台。

视觉教具：多媒体投影仪、白板、彩色异型卡纸、活页挂纸、视频资料。

授课时间：第一天 13：30—16：40（180 分钟 + 课间 10 分钟）。

时长	内容概述	授课方法和内容	参考资料
5 分钟	教学目标综述	**讲授法**： 阐述本堂课的教学目标及主要内容	
45 分钟	直播带岗的概念、发展历程、现状和发展趋势	**讲授法、案例分析法**： 1. 全员观看视频：视频内容主要体现线下招聘及求职应聘的过程，以突出直播带岗的优势 2. 讲述直播带岗的概念，并结合前述视频帮助学员了解直播带岗的发展历程 3. 结合案例分析直播带岗发展现状以及未来的发展趋势	教程第 1~8 页和第 11、12 页 实训手册第 1、2 页
70 分钟	直播带岗的主要形式和收益方式	**讲授法、头脑风暴法、讨论法**： 1. 组织学员用头脑风暴法，列举当下主流的直播带岗形式（每名学员在彩色卡纸上写下自己的答案，并贴到白板上，重复的须取下，最终展现主要的几种形式） 2. 分组讨论直播带岗的四种收益方式（每个小组领取一种方式，讨论，内容为该方式盈利点及注意事项），授课讲师进行提炼总结 3. 利用教程中的思维导图进行第一章的课程总结	
40 分钟	直播带岗平台选择	**讲授法、练习法**： 1. 阐述直播带岗平台筹划的教学目标 2. 介绍不同平台的入驻条件、平台特点、用户规模、人群画像、直播转化方式、用户传播方式，帮助学员选择适合自己的直播带岗平台 3. 指导学员完成实训任务 1	
20 分钟	总结	**讲授法**： 1. 利用积分抢答的方式回顾本堂课的要点 2. 回顾教学目标 3. 推介下一堂课	

注：表中教程指代《互联网招聘培训教程（直播带岗）》，实训手册指代《互联网招聘实训手册（直播带岗）》，下同。

第3课　直播带岗平台筹划与直播场景搭建

教学目标：
- 熟悉不同直播平台的规则。
- 树立直播带岗违规意识，避免违规。
- 掌握搭建虚拟直播间与实景直播间的技巧。

视觉教具： 多媒体投影仪、白板、彩色异型卡纸、活页挂纸。

授课时间： 第二天 08：50—12：00（180分钟 + 课间10分钟）。

时长	内容概述	授课方法和内容	参考资料
5分钟	教学目标综述	讲授法： 阐述本堂课的教学目标及主要内容	
80分钟	熟悉平台规则 避免违规直播	讲授法、讨论法、案例分析法、练习法： 1. 介绍了解平台规则的重要性 2. 分组讨论抖音、快手、视频号三个平台的规则（将学员分为三个小组，每组负责查找和记录一个平台的规则并向全班演示） 注：规则和流程以培训中各小组演示的最新规则和流程为准 3. 介绍直播的违规行为，并通过案例分析强化学员对规则的重视 4. 指导学员完成实训任务2 5. 利用思维导图总结平台筹划课程内容	教程第12~20页 实训手册第3~6页
75分钟	直播场景搭建	讲授法、讨论法、练习法： 1. 介绍直播场景的分类 2. 组织学员分组完成直播场景分类练习（讲师需提前准备不同直播间的图片，并打印在A4纸上，对正确完成的小组进行奖励） 3. 组织学员分组讨论虚拟直播间与实景直播间的搭建技巧，各小组派代表反馈讨论结果 4. 强调直播场景搭建须量力而行 5. 指导学员完成实训任务3	
20分钟	总结	讲授法： 1. 利用积分抢答的方式回顾本堂课的要点 2. 回顾教学目标 3. 推介下一堂课	

第 4 课　直播间基础配置和构建直播团队

教学目标：
- 认识直播间软硬件配置及网络配置。
- 明确直播带岗团队的岗位职责。
- 确定直播带岗团队的人员策略。

视觉教具： 多媒体投影仪、白板、彩色异型卡纸、活页挂纸、视频资料。

授课时间： 第二天 13：30—16：40（180 分钟 + 课间 10 分钟）。

时长	内容概述	授课方法和内容	参考资料
5 分钟	教学目标综述	**讲授法：** 阐述本堂课的教学目标及主要内容	
80 分钟	直播间基础配置	**讲授法、练习法、头脑风暴法：** 1. 介绍直播间基础配置涉及的三个方面，即硬件配置、软件配置、网络配置 2. 组织学员用头脑风暴法，列举直播带岗活动需要的设备，然后挑选三名学员按照画面采集、声音采集、灯光设备进行归类 3. 重点介绍三类设备的基础功能 4. 播放设备功能介绍的视频，帮助学员更好地了解每一种设备的作用和功能 5. 介绍软件配置中的抖音直播伴侣、快手直播伴侣和视频号直播伴侣，并从中挑选一个平台进行基础功能演示，帮助学员理解直播伴侣工具 6. 举例说明网络配置的重要性和网络配置的要求 7. 指导学员完成实训任务 4	教程第 20~28 页 实训手册第 9、10 页
80 分钟	构建直播团队	**讲授法、头脑风暴法、练习法：** 1. 介绍构建直播团队的重要性 2. 组织学员用头脑风暴法，列举直播团队的人员组成及岗位职责 3. 介绍三种直播团队（基础团队、标配团队、旗舰团队）的人员组成和运营策略 4. 指导各小组完成实训任务 5，打造出培训期间的直播带岗团队	
15 分钟	总结	**讲授法：** 1. 利用积分抢答的方式回顾本堂课的要点 2. 回顾教学目标 3. 推介下一堂课	

第5课　打造人气主播与选岗筹划

教学目标：
- 了解人气主播应具备的能力及提升的方法。
- 理解选岗的三个维度。
- 掌握选岗的四个步骤。

视觉教具： 多媒体投影仪、白板、彩色异型卡纸、活页挂纸。

授课时间： 第三天 08：50—12：00（180分钟+课间10分钟）。

时长	内容概述	授课方法和内容	参考资料
5分钟	教学目标综述	讲授法： 阐述本堂课的教学目标及主要内容	
45分钟	打造人气主播	讲授法、角色扮演法、练习法： 1. 介绍人气主播的重要性 2. 以小组为单位，组织学员用角色扮演法体验直播过程：提前准备脚本，在脚本中设置各种直播过程中需要主播进行应对或处理的问题，体验小组设主播1人、粉丝若干，模拟直播过程，考验主播的语言表达能力、专业知识能力、抗压能力等；未参与的学员以小组为单位记录扮演过程中的各种问题，在表演结束后进行总结；最终讲师对主播应具备的各项能力进行总结点评 3. 指导学员基于角色扮演中发现的不足制订自己的能力提升计划，包括基本能力提升、带岗能力提升、职业指导能力提升等 4. 指导学员完成实训任务6 5. 介绍主播需要具备的六方面职业礼仪（可采用问答形式）	教程第28~37页 实训手册第11~14页
110分钟	选岗维度和步骤	讲授法、讨论法、练习法： 1. 介绍选岗的重要性 2. 组织学员分组讨论选择直播带岗岗位时重点考虑的因素（每组阐述讨论结果并提炼总结，过程中须提醒学员注意岗位的真实性、求职者需求、人岗匹配程度等） 3. 介绍选岗步骤 4. 将学员分为收集组、解读组和分类组三个组，依序完成岗位信息收集工作 5. 指导学员完成实训任务7	
20分钟	总结	讲授法： 1. 利用积分抢答的方式回顾本堂课的要点 2. 回顾教学目标 3. 推介下一堂课	

第6课　直播间岗位呈现形式及直播带岗资金筹划

教学目标：
- 认识直播间岗位呈现的几种形式。
- 掌握预测投资和流动资金的方法。
- 完成投资与流动资金的预测。

视觉教具： 多媒体投影仪、白板、彩色异型卡纸、活页挂纸、视频资料。

授课时间： 第四天08：50—12：00（180分钟+课间10分钟）。

时长	内容概述	授课方法和内容	参考资料
5分钟	教学目标综述	**讲授法：** 阐述本堂课的教学目标及主要内容	
75分钟	直播间岗位呈现形式	**讲授法、练习法：** 1. 播放岗位呈现形式视频资料 2. 解读不同岗位呈现形式的注意点 3. 介绍直播间海报中每一个元素的作用（讲师须提前准备3张海报） 4. 介绍可帮助设计海报的软件，并指导学员完成实训任务8	
80分钟	投资预测 流动资金预测	**讲授法、头脑风暴法、练习法：** 1. 介绍投资和流动资金的概念 2. 结合案例分析投资和流动资金预测的重要性 3. 组织学员用头脑风暴，列举某农产品直播间在100%开播的情况下需要投入的资金项目 4. 组织学员将前述资金项目分类到投资和流动资金两大类，其中又包括固定资产、无形资产、开办费、其他投资，并对概念进行讲解 5. 将提前准备好的表格贴在白板上，组织学员对应看哪些属于刚才分项的类别 6. 依据市场调查完成测算，填写金额 7. 指导学员完成教程中案例部分的练习 8. 指导学员完成实训任务9	教程第37~43页 实训手册第15~18页
20分钟	总结	**讲授法：** 1. 利用积分抢答的方式回顾本堂课的要点 2. 回顾教学目标 3. 推介下一堂课	

第 7 课　直播带岗运营

教学目标：
- 掌握直播带岗运营形式和关键要素。
- 能描述出人、岗、场的关键内容并进行优化。

视觉教具： 多媒体投影仪、白板、彩色异型卡纸、活页挂纸。

授课时间： 第四天 13：30—16：40（180 分钟 + 课间 10 分钟）。

时长	内容概述	授课方法和内容	参考资料
5 分钟	教学目标综述	讲授法： 阐述本堂课的教学目标及主要内容	
80 分钟	直播带岗运营形式 直播带岗运营关键要素	讲授法、讨论法： 1. 介绍直播带岗运营的概念 2. 从互联网招聘、企业招聘、求职应聘三方面讲解直播带岗运营原理示意图 3. 提问"哪些数据或指标对直播运营起着决定性的作用"，指导学员回答直播和短视频中涉及的各种数据 4. 组织学员分为四个小组，第一、二组讨论"如何提升直播间权重"，第三、四组讨论"如何提升短视频权重"，最后讲师进行总结 5. 讲授两个人岗匹配的方法 6. 讲解人、岗、场三者之间的促进关系，并通过提问的方式巩固学员的学习效果	
80 分钟	直播带岗运营设计	讲授法、练习法： 1. 介绍直播带岗运营设计的概念 2. 讲解直播带岗运营设计的主要内容：总体设计、内容设计、脚本设计 3. 介绍总体设计的目标定位和策略规划 4. 讲解并强调内容设计中六要素的完整性：开场、用人企业及岗位介绍、互动答疑、成功案例分享、简历投递指引、结束语 5. 组织学员进行脚本设计练习：提前准备几份直播带岗脚本，其中包括一份不完善的脚本，让各组对比找问题，并针对性地提出问题修改意见，再给学员分享几份具有代表性的脚本 6. 指导学员完成实训任务 10，设计一份直播带岗脚本	教程第 47～59 页 实训手册第 19、20 页
15 分钟	总结	讲授法： 1. 利用积分抢答的方式回顾本堂课的要点 2. 回顾教学目标 3. 推介下一堂课	

第8课　直播带岗实战1

教学目标：
- 认识直播带岗推广渠道和推广形式。
- 完成直播带岗规划。
- 学会运用短视频进行直播带岗营销。

视觉教具： 多媒体投影仪、白板、彩色异型卡纸、活页挂纸、视频材料。

授课时间： 第五天08：50—12：00，13：30—16：40（360分钟+课间20分钟）

时长	内容概述	授课方法和内容	参考资料
5分钟	教学目标综述	**讲授法：** 阐述本堂课的教学目标及主要内容	
150分钟	直播带岗推广	**讲授法、头脑风暴法、练习法：** 1. 介绍直播带岗实战的意义 2. 提问"带岗直播前都需要做哪些准备"，引导学员回答"做推广和做营销"相关内容 3. 组织学员分组收集公域渠道和私域渠道，并分析每一种渠道的优缺点，挑选出适合自己的渠道，以便后期进行推广规划 4. 组织学员用头脑风暴法，列举直播带岗推广形式，并对每一种形式进行讲解 5. 提问"推广规划包含哪些内容"，引导学员作出正确的回答 6. 提前准备一个推广活动规划的表格，里面包含目标受众、推广渠道、推广形式、推广内容、预估效果、推广周期。通过对内容的讲解，帮助学员理解完成推广活动规划的要点 7. 指导学员结合推广渠道、推广形式完成实训任务11 8. 总结直播带岗推广部分的课程要点	教程第63~70页 实训手册第21~24页

续表

时长	内容概述	授课方法和内容	参考资料
160分钟	短视频推广	讲授法、讨论法、练习法： 1. 提前准备三个不同类型的短视频营销视频，结合视频材料介绍短视频营销的概念和意义 2. 讲授短视频的特点（时长短、内容丰富、制作便捷、传播快速、交互性强） 3. 提问"什么时候用短视频做营销"，引导学员作出"预测、引流、复用"相关回答 4. 组织学员分组讨论"制作短视频包含哪些内容"，所有小组将内容汇总呈现，最后提炼出短视频的制作方向，包括目标定位、内容策划、制作要点等，对制作要点做重点讲解 5. 组织学员分组完成短视频发布步骤相关练习（将所有步骤罗列在卡纸上，贴在白板上，每组派一名代表进行排序，并说出排序的原因，最终调整出正确的顺序：检查和优化视频内容→选择合作的发布平台→确定发布时间→备好短视频标题和描述→添加合适的话题和标签→添加交互元素→创建短视频封面→上传视频→积极互动→分析和调整） 6. 讲解短视频营销效果评估的各种指标和数据分析方法 7. 分享视频，帮助学员了解短视频创作方向，增加创作的灵感，并安排学员当天课后找出5种不同的短视频创作方向 8. 指导学员完成实训任务12，设计短视频分镜头脚本	教程第63~70页 实训手册第21~24页
45分钟	总结	讲授法： 1. 播放学员创作的短视频，讲师作点评总结 2. 利用积分抢答的方式回顾本堂课的要点 3. 回顾教学目标 4. 推介下一堂课	

第9课　直播带岗实战2

教学目标：
- 了解开播前物料检查的方法。
- 完成直播场景搭建。
- 学会直播前活动预演、直播中实施和直播间氛围管理。

视觉教具： 多媒体投影仪、白板、彩色异型卡纸、活页挂纸。

授课时间： 第六天 08：50—12：00（180分钟 + 课间10分钟）。

时长	内容概述	授课方法和内容	参考资料
5分钟	教学目标综述	讲授法： 阐述本堂课的教学目标及主要内容	
70分钟	开播前物料检查与直播带岗场景搭建	讲授法、练习法： 1. 介绍开播前物料检查的重要性 2. 提前准备两份物料检查的清单，让学员找出里面存在的问题，然后再给一份标准的物料清单，指导学员检查，确保万无一失 3. 介绍直播带岗场景搭建的注意事项 4. 为学员准备好所有设备，组织学员分组搭建出自己的带岗直播间，做好设备调试、灯光设计和场景区分	教程第70~74页 实训手册第25、26页
90分钟	带岗直播中的实施	讲授法、练习法： 1. 介绍带岗直播中实施包含的内容：开播前活动预演、直播实施流程、直播间氛围管理 2. 讲解带岗直播中的实施过程，组织学员以小组为单位分工合作，完成直播实施中各个环节的练习 3. 指导学员以小组为单位完成实训任务13	
15分钟	总结	讲授法： 1. 利用积分抢答的方式回顾本堂课的要点 2. 回顾教学目标 3. 推介下一堂课	

第10课　直播带岗实战3

教学目标：
- 小组完成一场直播带岗活动策划及执行。
- 完成直播后复盘并形成复盘表。

视觉教具：
- 多媒体投影仪、白板、彩色异型卡纸、活页挂纸。

授课时间： 第六天13：30—16：40（180分钟+课间10分钟）。

时长	内容概述	授课方法和内容	参考资料
5分钟	教学目标综述	讲授法： 阐述本堂课的教学目标及主要内容	
160分钟	直播带岗实践及直播后的复盘	练习法、讲授法： 1. 直播实战：以小组为单位，策划一场120分钟带岗直播，并进行实战开播，直播过程中做好问题登记，便于直播结束后复盘 2. 组织各小组陈述直播中总结出的问题 3. 结合直播复盘活动，介绍直播复盘的概念和重要性 4. 介绍直播复盘的流程：评估效果→回顾内容→评估主播表现→回顾技术运营→分析观众反馈→团队协作→制订改进计划 5. 指导学员完成实训任务14	教程第74～76页 实训手册第27、28页
15分钟	总结	讲授法： 1. 利用积分抢答的方式回顾本堂课的要点 2. 回顾教学目标 3. 推介下一堂课	

第 11 课 直播带岗实战 4 及个人直播带岗实操考核

教学目标：
- 认识直播带岗运营的优化指标并形成优化思路。
- 完成个人直播带岗实操考核。

视觉教具： 多媒体投影仪、白板、彩色异型卡纸、活页挂纸。

授课时间： 第七天 08：50—12：00，13：30—16：40（360 分钟 + 课间 20 分钟）。

时长	内容概述	授课方法和内容	参考资料
5 分钟	教学目标综述	**讲授法：** 阐述本堂课的教学目标及主要内容	
335 分钟	直播带岗运营优化	**讲授法、讨论法、练习法：** 1. 介绍直播带岗运营优化的概念 2. 介绍直播带岗运营优化的重要性 3. 提问"直播带岗运营优化的指标有哪些"，引导学员作出"观众参与度、观看时长和留存率、互动次数、直播转化率、社交媒体影响力"相关回答 4. 组织各小组围绕"如何对以上指标进行优化"进行针对性讨论，并给出具体的优化方向。最后各小组依次呈现产出的结果 5. 介绍直播带岗运营优化思路：内容优化、推广优化、质量优化、数据优化、团队优化 6. 指导学员完成实训任务 15 7. 开展直播带岗实操考核（此项用时 280 分钟）	教程第 76～79 页 实训手册第 29、30 页
20 分钟	总结	**讲授法：** 1. 利用积分抢答的方式回顾本堂课的要点 2. 回顾教学目标 3. 推介下一堂课	

第12课　直播带岗职业指导

教学目标：
- 了解职业指导相关理论。
- 掌握职业指导信息采集、咨询指导、行为改变、认识调整、跟踪指导、自助指导等技术。
- 掌握针对不同群体开展就业创业指导技巧。

视觉教具： 多媒体投影仪、白板、彩色异型卡纸、活页挂纸。

授课时间： 第八天08：50—12：00（180分钟+课间10分钟）。

时长	内容概述	授课方法和内容	参考资料
5分钟	教学目标综述	讲授法： 阐述本堂课的教学目标及主要内容	
160分钟	职业指导基础知识 职业指导技术 实施模拟面试	讲授法、练习法、头脑风暴法、角色扮演法： 1. 讲解职业指导的概念 2. 介绍职业指导的群体 3. 讲解职业指导的内容：自我认知、职业认知、职业决策、职业准备、职业发展 4. 讲解求职简历制作要点（提前给每个小组准备求职简历，让学员从中找出问题，并说出原因） 5. 介绍简历制作步骤：确定格式→基本信息填写→突出自己的优势→列出教育背景→梳理工作经历→展示相关证书→补充其他信息 6. 组织学员用头脑风暴法，列举招聘简章的内容（把学员口述的内容写在白板上，分析内容构成，提炼出标题、企业简介、岗位信息、福利待遇、应聘方式、补充信息、联系信息，分析它们的重要性，并说明可根据企业情况进行适当增减） 7. 指导学员完成实训任务16 8. 角色扮演：模拟面试	教程第83~87页 实训手册第31、32页
15分钟	总结	讲授法： 1. 利用积分抢答的方式回顾本堂课的要点 2. 回顾教学目标 3. 推介下一堂课	

附录
直播带岗培训学员班质量控制工具

目 录

直播带岗培训学员申请表

直播带岗培训学员班设施设备清单

直播带岗培训学员班课程安排表

每日意见反馈表

直播带岗培训学员班结束评估表

直播带岗培训学员陪跑孵化服务需求调查表

直播带岗培训学员带岗情况跟踪调查表

直播带岗培训学员带岗情况统计表

直播带岗培训学员申请表

填表日期：_____　　（请在符合您的选项"□"处打"√"）

1. 姓名：	2. 性别：□男 □女	3. 年龄：	照片
4. 学历：	5. 身份证号：		
6. 联系电话：	7. QQ/电子邮箱：		
8. 联系地址：			
9. 目前您从事的工作是：			

10. 您的特长：

11. 您是否有直播带岗的经历：
□否，从未接触过直播带岗
□是，请简单描述直播带岗经历：_____

12. 您所掌握的计算机应用操作技术有哪些（可多选）：
□图片处理　□文档编辑　□办公应用　□媒体应用　□网络技术　□人工智能
□其他：_____

13. 您所拥有的电子设备有哪些（可多选）：
□计算机　□智能手机　□数码相机　□直播设备　□其他：_____

14. 您期望在培训班里学到什么：

15. 对培训的承诺：
是否能够保证出勤？　　　　□是　□否
是否能够遵守课堂要求？　　□是　□否
培训后是否愿意接受就业推荐？　□是　□否

申请人签名：

日期：　　年　　月　　日

直播带岗培训学员班设施设备清单

分类	名称	数量	说明
教材	学员教材：《互联网招聘培训教程（直播带岗）》及《互联网招聘实训手册（直播带岗）》	35套	★教学使用
设备	黑（白）板	1~2个	1.2米×2米，带可移动支架及板擦
设备	多媒体投影仪	1套	带幕布
设备	笔记本电脑	1台	可连接投影仪（与授课师资沟通是否准备）
设备	翻页笔	1支	与授课师资沟通是否准备
设备	无线话筒（含电池）	1套	根据场地情况，并与授课师资沟通，确认是否准备
设备	电源插座	2个	根据场地情况确定电源线长度
设备	电源插座	6个	直播带岗实操时使用
设备	直播带岗套装	5套	摄像头+补光灯+支架+声卡+收音麦+绿幕
设备	打印机	1台	
教具	白板磁吸	30个	
教具	磁条	8条	
教具	山形铁夹	6个	
教具	白板笔（非油性）	若干	黑、红、蓝色各15支
教具	活页挂纸	若干	普通0号绘图纸120张
教具	彩色A4卡纸	若干	3~5种颜色（浅色），各50张
教具	A4打印纸	2包	
教具	裁纸刀	5把	
教具	剪刀	6把	
教具	直尺	6把	长（大于1米）、短各3把
教具	订书机	2个	带足够数量的订书钉
教具	透明胶带（宽）	2卷	
教具	双面胶带（窄）	2卷	
教具	档案盒	5个	或牛皮纸档案袋15个
工具表	直播带岗培训学员申请表	40张	1张/人
工具表	学员考勤签到表	12张	课程前六天1张/半天
工具表	每日意见反馈表	210张	课程前六天1张/（人·天）
工具表	培训效果评估表	35张	表可多预留几张

直播带岗培训学员班课程安排表

日期	时间	课程单元	课程内容	课时	实训/实操任务	授课讲师
第一天	08:50—12:00	第1课 开班、团建破冰	破冰、项目介绍	1		
			建立学习小组	3		
	13:30—16:40	第2课 认识直播带岗与直播带岗平台选择	第一章 认识直播带岗 第一节 直播带岗的概念及发展历程 第二节 直播带岗的现状及发展趋势	1		
			第一章 认识直播带岗 第三节 直播带岗的主要形式 第四节 直播带岗的主要收益方式	2		
			第二章 直播带岗平台筹划 第一节 直播带岗平台选择	1	实训任务1	
第二天	08:50—12:00	第3课 直播带岗平台筹划与直播场景搭建	第二章 直播带岗平台筹划 第二节 熟悉平台规则 第三节 避免违规直播	2	实训任务2	
			第三章 直播带岗现场筹划 第一节 直播场景搭建	2	实训任务3	
	13:30—16:40	第4课 直播间基础配置和构建直播团队	第三章 直播带岗现场筹划 第二节 直播间基础配置	2	实训任务4	
			第四章 直播带岗人员筹划 第一节 构建直播团队	2	实训任务5	
第三天	08:50—12:00	第5课 打造人气主播与选岗筹划	第四章 直播带岗人员筹划 第二节 打造人气主播	1	实训任务6	
			第五章 直播带岗选岗筹划 第一节 选岗维度 第二节 选岗步骤	3	实训任务7(线上岗位信息收集)	

续表

日期	时间	课程单元	课程内容	课时	实训/实操任务	授课讲师
第三天	13:30—16:40	入企探岗	入企探岗	4	实训任务7（线下入企探岗信息收集）	
第四天	08:50—12:00	第6课 直播间岗位呈现形式及直播带岗资金筹划	第五章 直播带岗选岗筹划 第三节 直播间岗位呈现形式	2	实训任务8	
			第六章 直播带岗资金筹划 第一节 投资预测	1		
			第六章 直播带岗资金筹划 第二节 流动资金预测	1	实训任务9	
	13:30—16:40	第7课 直播带岗运营	第七章 直播带岗运营 第一节 直播带岗运营形式 第二节 直播带岗运营关键要素	2		
			第七章 直播带岗运营 第三节 直播带岗运营设计	2	实训任务10	
第五天	08:50—12:00	第8课 直播带岗实战1	第八章 直播带岗实战 第一节 带岗直播前的准备（1. 直播带岗推广；2. 短视频营销）	4	实训任务11	
	13:30—16:40		第八章 直播带岗实战 第一节 带岗直播前的准备（2. 短视频营销）	4	实训任务12	
第六天	08:50—12:00	第9课 直播带岗实战2	第八章 直播带岗实战 第一节 带岗直播前的准备（3. 开播前物料检查）	1		
			第八章 直播带岗实战 第一节 带岗直播前的准备（4. 直播带岗场景搭建）	1		
			第八章 直播带岗实战 第二节 带岗直播中的实施	2	实训任务13	
	13:30—16:40	第10课 直播带岗实战3	小组策划直播带岗内容并完成一场120分钟直播带岗活动 第八章 直播带岗实战 第三节 直播带岗后的复盘	4	实训任务14	
第七天	08:50—12:00	第11课 直播带岗实战4及个人直播带岗实操考核	第八章 直播带岗实战 第四节 直播带岗运营优化	1.5	实训任务15	
			个人直播带岗实操考核1（2人/组，20分钟/组）	2.5		
	13:30—16:40		个人直播带岗实操考核2（2人/组，20分钟/组）	4		

续表

日期	时间	课程单元	课程内容	课时	实训/实操任务	授课讲师
第八天	08:50—12:00	第12课 直播带岗职业指导	第九章 直播带岗职业指导 第一节 职业指导基础知识 第二节 直播带岗职业指导技术 （1. 制作求职简历；2. 制作企业招聘简章）	2	实训任务16	
			第九章 直播带岗职业指导 第二节 直播带岗职业指导技术 （3. 实施模拟面试）	2	模拟面试	
	13:30—16:40	考试、结业典礼	理论考试、结业典礼	4		

注：每课时45分钟。

每日意见反馈表

日期：_____/_____/_____ 讲师：_____

学习内容和收获：

学习体验和反思：

学习反馈和建议：

学习重点和期望：

直播带岗培训学员班结束评估表

课程名称：		授课讲师：		培训日期：		
评分项目	非常好（5分）	比较好（4分）	一般（3分）	较不好（2分）	不好（1分）
1. 直播带岗前中后流程及方法掌握情况					
2. 直播带岗脚本完成情况					
3. 直播带岗实战演练效果					
4. 授课老师培训技巧（生动、幽默）					
5. 培训内容做到条理清晰，重点突出，描述准确，且容易理解					
6. 案例分析，带动鼓励学员参与互动					
7. 培训期间教学环境和实操环境					
8. 培训期间实操设备使用情况					
9. 是否达到您预期的培训效果					
综合得分					

您的建议：

关于授课讲师：
_____
_____
_____

关于课程内容：
_____
_____

您参加本课程最大的收获是什么：
_____
_____

您以后还需要哪些方面的培训：
_____

补充意见：
_____

说明：

1. 您的建议对我们非常宝贵，请花费几分钟认真填写以上内容并计算出综合得分。
2. 请在整体课程结束当天填写表格，交由班主任归档。

直播带岗培训学员陪跑孵化服务需求调查表

姓名		性别		身份证号	
籍贯		培训地点		培训起止时间	
联系电话				直播带岗：□已开展 □准备开展	

直播带岗现状概述：

陪跑孵化服务需求：

□实施方案　具体阐述：_____

_____

□数据分析　具体阐述：_____

_____

□直播策略　具体阐述：_____

_____

□直播脚本　具体阐述：_____

_____

□其他　具体阐述：_____

直播带岗培训学员带岗情况跟踪调查表

姓名		性别		身份证号	
籍贯		培训地点		培训起止时间	
学历		联系方式			
带岗情况	服务对象			直播地址	
	直播时间				
	直播时长				
	带岗类型	☐直播招聘 ☐短视频带岗 ☐其他：（具体描述）_____			
	团队人数		主播人数		
	服务数量		达成求职意向人数		
	服务对象情况				
	发展预期				
	存在困难				
调查时间			调查人		

直播带岗培训学员带岗情况统计表

序号	姓名	性别	身份证号	联系电话	所在地区（区县）	直播平台账号	主播昵称	直播分享链接/二维码	直播带岗类型	备注